Inhalt

Small Business Act - Die neue Kleinunternehmerförderung

Kernthesen

Beitrag

Fallbeispiele

Weiterführende Literatur

Impressum

GENIOS WirtschaftsWissen Nr. 07/2003 vom 09.07.2003

Small Business Act - Die neue Kleinunternehmerförder

I.Zeilhofer-Ficker

Kernthesen

- Mit dem Small Business Act will die Bundesregierung Kleinunternehmer von bürokratischen Aufgaben entlasten und Existenzgründungen fördern.
- Für gewerbetreibende Nicht-Kaufleute wurden die Wertegrenzen für die Buchführungspflicht erheblich erhöht - eine weiter standardisierte Gewinnermittlung ist geplant.
- Der Finanzierungsbedarf von Kleinunternehmen soll durch Micro-Darlehen, durch die

Gewerbesteuerbefreiung von ABS-Gesellschaften und durch die Fusion von Deutscher Ausgleichsbank und Kreditanstalt für Wiederaufbau gedeckt werden.
- Zum Förderpaket gehört außerdem die Reform der Handwerksordnung, die Förderung von Unternehmensgründungen von Arbeitslosen (Ich-AG), sowie die Freistellung von Kammerbeiträgen für die ersten 4 Jahre.

Beitrag

Existenzgründer und Kleinunternehmer in Deutschland ersticken im Papierkrieg. Ein durchschnittlicher Handwerksbetrieb ist pro Jahr 730 Stunden allein mit der Bürokratie beschäftigt. Aufwendigste Buchführungs- und Steuervorschriften, Meldungen und Statistiken, Eintragungen und Genehmigungen, das alles kostet immens viel Zeit und Geld. Aber jetzt kann man auf Erleichterung hoffen, denn Bundeswirtschaftsminister Clement hat sich den Bürokratieabbau, die Existenzgründungs- und Mittelstandsförderung auf die Fahnen geschrieben. (1)

Mit dem "Small Business Act" oder auch

Kleinunternehmerförderungsgesetz soll der bürokratische Aufwand, vor allem von Existenzgründern und Kleinunternehmen, erheblich reduziert und Firmengründungen stimuliert werden. Neben Erleichterungen in den Steuer- und Buchführungsvorschriften sind Maßnahmen geplant, die es für Kleinunternehmen leichter machen sollen, an Kleinkredite zu gelangen. Für eine große Anzahl von Handwerksberufen soll der Meisterzwang fallen, das heißt unter gewissen Voraussetzungen sollen Handwerksgesellen einen eigenen Betrieb leiten dürfen. Zum Paket gehört auch die Förderung der sogenannten "Ich-AG" sowie die Befreiung von Kammerbeiträgen für die ersten 4 Jahre nach der Firmengründung.

Das Gesetzesvorhaben

Im März 2003 wurde das Gesetz zur Förderung von Kleinunternehmen und zur Verbesserung der Unternehmensfinanzierung (Kleinunternehmerförderungsgesetz) vom Bundestag verabschiedet. Es soll rückwirkend zum 1. Januar 2003 in Kraft treten, braucht aber vorher noch die Zustimmung des Bundesrates. Im Detail sind die folgenden Änderungen geplant:

Vereinfachte Gewinnermittlung

Wesentliche Erleichterungen versprechen sich die Politiker von der Anhebung der Grenzwerte der Buchführungspflicht. So werden zukünftig Nicht-Kaufleute nur dann zur Buchführung gezwungen sein, wenn ihr Umsatz 350.000 Euro, der Wirtschaftswert 25.000 Euro und der Gewinn 30.000 Euro überschreitet. Diese doch erhebliche Anhebung der Grenzwerte (Umsatz bisher 260.000 Euro, Wirtschaftswert bisher 20.500 Euro, Gewinn bisher 25.000 Euro) soll sicherstellen, dass möglichst viele Kleinunternehmen davon profitieren können. (2)

Gewerbetreibende, die diese Grenzen unterschreiten, können also von der weniger aufwendigen Gewinnermittlung durch die Einnahmen-/Überschussrechnung Gebrauch machen. Eine Bilanz mit Bestandsvergleich wird nicht verlangt. Dies gilt allerdings nicht, wenn der Gewerbetreibende Kaufmann gem. § 1 HGB ist, denn für Kaufleute ist die Buchführungspflicht unabdingbar. Allerdings können auch sie die vereinfachte Einnahmen-/Überschussrechnung zur Gewinnermittlung nutzen. (2)

Zur Standardisierung und Vereinfachung ist für die Einnahmen-/Überschussrechnung ein amtlich vorgeschriebener Gewinnermittlungsvordruck geplant, der erstmals ab dem Jahr 2004 verwendet werden soll. (2)

Die außerdem geplante Pauschalierung der Betriebsausgaben für Kleinstunternehmer wurde allerdings vom Bundesrat abgelehnt und auch vom Vermittlungsausschuss als zu problematisch empfunden. Man kann deshalb davon ausgehen, dass dieses Vorhaben komplett gestrichen wird. (3), (4)

Vorgesehen war, dass Firmen, deren Umsatz im Vorjahr 17.500 Euro und im laufenden Jahr 50.000 Euro unterschreiten, die Betriebsausgaben pauschal mit 50 Prozent ansetzen können, ohne einen Nachweis dafür zu erbringen. Es sollten nur Betriebseinnahmen und Entnahmen aufgezeichnet und nachgewiesen werden. Dieses Vorhaben wurde im Vorfeld bereits massiv kritisiert, da man befürchtete, dass nur ein sehr geringer Prozentsatz der Kleinunternehmen davon profitiert hätten. Außerdem wäre dadurch die gerade für Neugründungen stets notwendige Erfolgskontrolle unterblieben, was sehr schnell zu Verlusten und Insolvenzen hätte führen können. (2), (5)

Leichtere Finanzierung

Eine große Hürde stellt für viele potenzielle Existenzgründer der Mangel an Kapital dar. Hier gibt es nun die Möglichkeit, über die Hausbank ein Micro-Darlehen bei der Deutschen Ausgleichsbank zu beantragen. Diese Darlehen werden für einen Fremdfinanzierungsbedarf von höchstens 25.000 Euro gewährt, wobei die DtA gegenüber der Hausbank eine 80prozentige Haftungsfreistellung übernimmt.

Mehr Kapital für kleine und mittlere Unternehmen verspricht man sich auch durch die mittlerweile beschlossene Gewerbesteuerfreistellung von Zweckgesellschaften (Special Purpose Vehicle) zur Verbriefung von Bankenforderungen. Diese Freistellung soll helfen, in Deutschland den Markt für Asset Based Securities (ABS), also verbriefte Forderungen, aufzubauen. Die Banken versprechen sich durch die Verbriefung von Kreditforderungen mehr Luft für neue Kreditvergaben. Laut Standard & Poor wird das Potenzial für ABS-Geschäfte in Deutschland auf mindestens 50 Mrd. Euro geschätzt. (6), (8)

Nicht einigen konnten sich die Gremien im Vermittlungsausschuss auf die Bedingungen der Fusion von Deutscher Ausgleichsbank (DtA) mit der Kreditanstalt für Wiederaufbau (KfW). Durch die Verschmelzung soll es für Unternehmen einfacher werden, an Fördermittel zu gelangen, da dann nur noch eine Stelle für die Mittelvergabe aus den verschiedenen Programmen zuständig ist. Da ein weiterer Einspruch durch den Bundesrat mit der Kanzlermehrheit im Bundestag zurückgewiesen werden kann, dürfte die Fusion nur noch eine Frage der Zeit sein. (7)

Reform der Handwerksordnung

Die Bundesregierung plant die Abschaffung des Meisterzwanges für etwa zwei Drittel aller Handwerksberufe und erwartet sich davon nicht nur eine Welle von neuen Geschäftsgründungen im Handwerksbereich, sondern, durch den verstärkten Wettbewerb, auch im Endeffekt eine Steigerung der Qualität der abgelieferten Handwerksleistungen. (9)

Denn die wirtschaftlichen Leistungen der bestehenden Meisterbetriebe ist enttäuschend: die Beschäftigtenzahl im Handwerk nahm seit 1995 um ein Viertel auf 4,5 Millionen ab und der Branchenumsatz sank seitdem um 10 Prozent auf 370 Millionen Euro. Da viele Kunden mit der abgelieferten Qualität der Handwerksbetriebe nicht zufrieden waren, werden handwerkliche Arbeiten mit steigender Tendenz an Schwarzarbeiter vergeben. (9)

Gleichzeitig nahm die Zahl der abgelegten Meisterprüfungen um 44 Prozent ab, sodass vermehrte Unternehmensgründungen der "neuen Meister" auch kaum zu erwarten sind. Die Bundesregierung erwartet von der Reform der Handwerksordnung mehr Wettbewerb für die bestehenden Handwerksbetriebe, die so zu höherer Qualität und schärferer Kalkulation gezwungen werden. (9)

Der Meisterzwang soll nur für Handwerksberufe bleiben, in denen unsachgemäßes Arbeiten gefährlich sein kann, wie beispielsweise in Bau- und Installationsberufen. Aber auch hier sollen sich Gesellen, die mindestens 10 Jahre Berufserfahrung nachweisen, selbstständig machen dürfen. (9)

Sonstige Initiativen

Weitere Förderung erfahren Arbeitslose, die sich zur Eröffnung eines Gewerbebetriebes entschließen, durch die Regelungen der "Ich-AG" oder des Existenzgründungszuschusses. Weitere Einzelheiten darüber finden Sie in der Knowledge-Summary Ich-AG.

Existenzgründer sollen darüber hinaus in den ersten

vier Jahren von der Zahlung von Beiträgen für Industrie- und Handelskammer bzw. Handwerkskammer freigestellt werden. Voraussetzung ist ein Gewinn von unter 25.000 Euro im Jahr.

Fallbeispiele

Bürokratiekosten

Ein schwäbischer Handwerksbetrieb mit 14 Mitarbeitern hat durch die Erstellung einer Modell-Bürokratiekosten-Rechnung festgestellt, dass 132 Arbeitstage im Jahr für Bürokratiearbeiten aufgewendet werden müssen.

Micro-Darlehen und ABS

Innerhalb von drei Monaten hat die Deutsche Ausgleichsbank bereits 600 Micro-Darlehen mit einem insgesamten Volumen von 11,5 Millionen Euro vergeben. Dies zeigt den hohen Bedarf an solchen Darlehen, von denen oft die Entscheidung Für oder

Wider die Unternehmensgründung abhängt.

Im Hinblick auf die kommende Gewerbesteuerbefreiung haben führende deutsche Banken eine Absichtserklärung zur Gründung einer Zweckgesellschaft für den Handel mit ABS geschlossen. Die Deutsche Bank, HypoVereinsbank, Commerzbank, Dresdner Bank, DZ Bank und die KfW (Kreditanstalt für Wiederaufbau) wollen sich zu gleichen Anteilen an der Zweckgesellschaft beteiligen. (8)

Die HypoVereinsbank hat bereits bekannt gegeben, dass sie plant, in den nächsten 6 bis 12 Monaten Verbriefungen von Kreditforderungen in Höhe von 3 bis 6 Milliarden Euro auf den Markt zu bringen. (10)

Firmengründung ohne Meisterbrief

Obwohl die arbeitslose Fotografin Petra Hennemann mehrere Jahre die Filiale eines Fotogeschäftes geleitet hat, ist es ihr nicht erlaubt, ohne Meisterbrief ein eigenes Geschäft aufzumachen. Sie würde zwar sofort als "Ich-AG" gefördert werden, aber ohne Meisterbrief darf sie nicht selbständig arbeiten. Mittlerweile hat sie eine Ausnahmegenehmigung bei der Handwerkskammer beantragt, die kann aber mehrere Monate auf sich warten lassen. Monate der Arbeitslosigkeit ....

Weiterführende Literatur

(1) "Wir brauchen eine neue Dynamik im und für den Mittelstand" - Interview mit Wolfgang Clement, Bundesminister für Wirtschaft und Arbeit
aus Venture Capital, Heft Sonderausgabe "Mittelstandsfinanzierung", 2003, S. 6-8

(2) Steuergesetzgebung 2003 (StVergAbG - ZinsAbG - KleinUntFG - Mini-Jobs)
aus Aktuelles Steuerrecht, 2/2003, S. 175ff

(3) Bundesrat lehnt pauschale Gewinnregel für Kleinbetriebe ab
aus Frankfurter Allgemeine Zeitung, 21.06.2003, Nr. 141, S. 11

(4) Pauschale Gewinnregel kommt nun doch nicht
aus Frankfurter Allgemeine Zeitung, 04.07.2003, Nr. 152, S. 14

(5) Feuern und Vergessen
aus brand eins, Heft 4/2003, S. 22-30

(6) Rahmenbedingungen für die Verbriefung von Kreditforderungen in Deutschland
aus Zeitschrift für das gesamte Kreditwesen Nr. 12

vom 15.06.2003 Seite 623

(7) Bayern bremst Mittelstandsbank
aus Frankfurter Allgemeine Zeitung, 04.07.2003, Nr. 152, S. 15

(8) Großbanken stoßen Risiken ab Deutsche Top-Institute wollen Kredite in Spezialgesellschaft auslagern " Hoffnung für Mittelstand
aus FTD Financial Times Deutschland vom 23.04.2003, Seite 1

(9) Die Handwerksreform muß kommen
aus Frankfurter Allgemeine Zeitung, 21.06.2003, Nr. 141, S. 11

(10) True Sales kommen in Schwung Neues Gesetz heute im Bundesrat - HVB will bis zu 6 Mrd. Euro verbriefen
aus Börsen-Zeitung, 20.06.2003, Nummer 116, Seite 3

Impressum

Small Business Act - Die neue Kleinunternehmerförderung

Bibliografische Information der deutschen Nationalbibliothek

Die Deutsche Nationalbibliothek verzeichnet diese Publikation in der deutschen Nationalbibliografie; detaillierte bibliografische Daten sind im Internet über http://dnb.d-nb.de abrufbar.

ISBN: 978-3-7379-1173-3

© 2015 GBI-Genios Deutsche Wirtschaftsdatenbank GmbH, Freischützstraße 96, 81927 München, www.genios.de

Alle Rechte vorbehalten. Dieses Werk ist einschließlich aller seiner Teile – z.B. Texte, Tabellen und Grafiken - urheberrechtlich geschützt. Jede Verwertung außerhalb der Grenzen des Urheberrechtsgesetzes bedarf der vorherigen Zustimmung des Verlags. Dies gilt insbesondere auch für auszugsweise Nachdrucke, fotomechanische Vervielfältigungen (Fotokopie/Mikroskopie), Übersetzungen, Auswertungen durch Datenbanken oder ähnliche Einrichtungen und die Einspeicherung und Verarbeitung in elektronischen Systemen.